José Micaelson Lacerda Morais

A verdade sobre a economia
e
Pobreza na abundância

Copyright © José Micaelson Lacerda Morais, 2022.

Diagramação
José Micaelson Lacerda Morais

A verdade sobre a economia e Pobreza na abundância / José Micaelson Lacerda Morais. Amazon (Independently Published), 2022.

1. Ciência econômica 2. Capitalismo 3. Teoria econômica

"A burguesia desempenhou na História um papel iminentemente revolucionário [...]

Onde quer que tenha conquistado o poder, a burguesia destruiu as relações feudais, patriarcais e idílicas. Rasgou todos os complexos e variados laços que prendiam o homem feudal a seus "superiores naturais", para só deixar subsistir, de homem para homem, o laço do frio interesse, as duras exigências do "pagamento à vista". Afogou os fervores sagrados da exaltação religiosa, do entusiasmo cavalheiresco, do sentimentalismo pequeno-burguês nas águas geladas do cálculo egoísta. Fez da dignidade pessoal um simples valor de troca; substituiu as numerosas liberdades, conquistadas duramente, por uma única liberdade sem escrúpulos: a do comércio. Em uma palavra, em lugar da exploração dissimulada por ilusões religiosas e políticas, a burguesia colocou uma exploração aberta, direta, despudorada e brutal [...]

A burguesia despojou de sua auréola todas as atividades até então reputadas como dignas e encaradas com piedoso respeito. Fez do médico, do jurista, do sacerdote, do poeta, do sábio seus servidores assalariados [...]

A burguesia rasgou o véu de sentimentalismo que envolvia as relações de família e reduziu-as a simples relações monetárias [...]

A burguesia revelou como a brutal manifestação de força na Idade Média, tão admirada pela reação, encontra seu complemento natural na ociosidade mais completa. Foi a primeira a provar o que a atividade humana pode realizar: criou maravilhas maiores que as pirâmides do Egito, os aquedutos romanos, as catedrais góticas; conduziu expedições que empanaram mesmo as antigas invasões e as Cruzadas [...]

A burguesia não pode existir sem revolucionar incessantemente os instrumentos de produção, por conseguinte, as relações de produção, por conseguinte, as relações de produção e, com isso, todas as relações sociais. A conservação inalterada do antigo modo de produção era,

pelo contrário, a primeira condição de existência de todas as classes industriais anteriores. Essa subversão contínua da produção, esse abalo constante de todo o sistema social, essa agitação permanente e essa falta de segurança distinguem a época burguesa de todas as precedentes. Dissolvem-se todas as relações sociais antigas e cristalizadas, com seu cortejo de concepções e de ideias secularmente veneradas; as relações que as substituem tornam-se antiquadas antes de se consolidarem. Tudo que era sólido e estável se desmancha no ar, tudo o que era sagrado é profanado e os homens são obrigados finalmente a encarar sem ilusões sua a posição social e as suas relações com os outros homens [...]
Impelida pela necessidade de mercados sempre novos, a burguesia invade todo o globo terrestre. Necessita estabelecer-se em toda parte, explorar em toda parte, criar vínculos em toda parte."
Marx e Engels. Manifesto comunista.

Sumário

A verdade sobre a economia 8
1. Introdução 8
2. A teoria do pleno emprego e do investimento de Keynes 13
3. Retomar uma velha luta por uma nova sociedade 32
4. Conclusão 47
5. Referências 53

Pobreza na abundância 56
1. Introdução 56
2. O problema da "teoria clássica" 59
3. A crítica da lei de Say 69
4. O princípio da demanda efetiva 71
5. O falso paradoxo da pobreza em meio à abundancia 83
6. Conclusão 92
7. Referências 95

A verdade sobre a economia

A verdade sobre a economia

"[...] na produção social da própria existência, os homens entram em relações determinadas, necessárias, independentes de sua vontade; essas relações de produção correspondem a um grau determinado de desenvolvimento de suas forças produtivas materiais. A totalidade dessas relações de produção constitui a estrutura econômica da sociedade, a base real sobre a qual se eleva uma superestrutura jurídica e política e à qual correspondem formas sociais determinadas de consciência. O modo de produção da vida material condiciona o processo de vida social, política e intelectual. Não é a consciência dos homens que determina o seu ser; ao contrário, é o seu ser social que determina sua consciência."
Karl Marx. Contribuição à crítica da economia política

1. Introdução

John Maynard Keynes, um dos economistas mais influentes do século XX, na sua principal obra, *A teoria geral do emprego, do juro e da moeda*, identificou a "incapacidade para proporcionar pleno emprego", junto com a "arbitrária e desigual distribuição da riqueza e das rendas", como os "principais defeitos da sociedade econômica em que vivemos". O próprio autor afirma que a sua obra constitui uma resposta direta ao primeiro problema e indireta ao segundo: "[...] a relação da teoria anteriormente exposta com o primeiro defeito é óbvia. Mas há também dois pontos importantes em que ela é relevante para o segundo" (KEYNES, 1996, p. 341).

Para Keynes, em linhas gerais, o problema do pleno emprego parece ser tão somente uma "tarefa de ajustar a propensão a consumir com o incentivo para investir". Tarefa para a qual o "[...] Estado deverá exercer uma influência orientadora sobre a propensão a consumir, em parte através de seu sistema de tributação, em parte por meio da fixação da taxa de juros e, em parte, talvez, recorrendo a outras medidas [...] Mas, fora disso, não se vê nenhuma razão evidente que justifique um socialismo do Estado abrangendo a maior parte da vida econômica da nação (KEYNES, 1996, p. 345).

É tão grande o otimismo de Keynes com a sua *Teoria geral*, que o mesmo sugere que ela poderia até mesmo contribuir para a paz mundial: "[...] mas se as nações podem aprender a manter o pleno emprego apenas por meio de sua política interna (e também, devemos acrescentar, se logram alcançar o equilíbrio na tendência de crescimento de suas populações), não deveria mais haver a necessidade de forças econômicas importantes destinadas a predispor um país contra os seus vizinhos [...]" (KEYNES, 1996, p. 348).

Nada mais falso no contexto do imperialismo do século XX, do qual somente resultou algum "equilíbrio" duradouro após duas grandes guerras mundiais entremeada por uma grande depressão e, apenas, por meio de instrumento altamente nefasto, uma "economia armamentista permanente". Através da qual "[...] a produção permanente de armas não se tornou apenas uma das soluções mais importantes do problema do capital excedente, mas também, e principalmente, constituiu-se num poderoso estímulo para a aceleração da inovação tecnológica [...]" (MANDEL, 1982, p. 212). Um amplo conjunto de guerras pontuais na segunda metade do século XX, uma nova fase do imperialismo, no início do século XXI, e uma guerra sem fim travada pelos Estados Unidos para manter sua hegemonia mundial, nas últimas décadas do século XX e começo do século XXI, não deixa dúvida sobre o caráter beligerante, desumano e antissocial do capital; no seu incessante processo de acumulação e de crises (decorrentes de sua própria dinâmica interna).

O pai da macroeconomia moderna compreendeu, teorizou de forma singular e deu forma política ao que se constituiria a dinâmica da economia capitalista de boa parte do século XX. Neste aspecto o seu pensamento, apesar de certa rejeição inicial, transformara-se em bastião de uma era: do capitalismo monopolista de Estado ou, na linguagem da economia convencional, do Estado do bem estar social. No entanto, lendo sua grande obra nas entrelinhas é possível entender de forma clara que sua solução para salvar o capitalismo da grande crise (e a teoria econômica em vigência de seu fracasso), não poderia resultar em outra realidade que não o grande desastre social, ambiental e político que viria a se tornar o capitalismo do final do século XX e início do século XXI.

2. A teoria do pleno emprego e do investimento de Keynes

Na teoria keynesiana o montante de investimento "depende da relação entre a taxa de juros e a curva de eficiência marginal do capital". Por sua vez, a eficiência marginal do capital (EMgK), "depende da relação entre o preço de oferta de um ativo de capital e a sua renda esperada" (KEYNES, 1996 p. 158). De forma que para Keynes duas variáveis de grande importância para direcionar a dinâmica econômica, em direção ao pleno emprego, são a taxa de juro e o que ele definiu como *estado de confiança* (expectativa sobre uma renda futura esperada), que exerce considerável influência sobre a curva de eficiência marginal do capital: "[...] Pode-se dizer que a curva da eficiência marginal do capital governa as condições em que se procuram fundos disponíveis para novos investimentos, enquanto a taxa de juros governa os termos em que esses fundos são corretamente oferecidos [...]" (KEYNES, 1996, p. 173).

De forma geral, para Keynes, as flutuações da EMgK em relação à taxa de juros explicam (em termos de descrição e análise) as alternâncias entre expansão e depressão do ciclo econômico. Assim, a taxa de juros assume grande importância na *Teoria geral*, quando se trata do controle da dinâmica econômica (fixação de uma da taxa de juros compatível com os investimentos produtivos), na direção de uma economia com pleno emprego. Sobre este aspecto é bastante revelador a comparação que Keynes estabelece entre a relação curva de eficiência marginal do capital/taxa de juros para os séculos XIX e XX:

> Durante o século XIX, o acréscimo da população e das invenções, a exploração de novas terras, o estado da confiança e a frequência das guerras (em média, digamos, a cada década), juntamente com a propensão

> a consumir, parecem ter sido suficientes para manter uma curva da eficiência marginal do capital, que permite um nível médio de emprego bastante satisfatório para ser compatível com uma taxa de juros suficientemente alta, a fim de ser psicologicamente aceitável pelos possuidores de riqueza [...] Hoje, e provavelmente no futuro, a curva da eficiência marginal do capital está, por diversas razões, muito abaixo do que era no século XIX. A agudeza e a peculiaridade de nossos problemas contemporâneos emanam, portanto, do fato de que a taxa média de juros compatível com um volume médio razoável de emprego pode ser inaceitável para os possuidores de riqueza, de forma que seja impossível estabelecê-la facilmente por meio de simples manipulações da quantidade de dinheiro [...] (KEYNES, 1996, p. 288-299).

Como destacado anteriormente a EMgK também depende das expectativas correntes relativas ao futuro rendimento dos bens de capital". Assevera Keynes (1996, p. 294) "[...] que as expectativas do futuro desempenhem um papel preponderante na determinação da escala em que se julguem recomendáveis novos investimentos [...]". Isto porque a renda esperada de um ativo depende, em parte, de fatos conhecidos, e, em parte, de expectativas sobre o futuro que só "podem ser previstos com um maior ou menor grau de confiança". Segundo ele, este estado de expectativa de longo prazo está estreitamente associado ao grau de confiança dos prognósticos dos empresários sobre o futuro. Logo, o *estado de confiança* tem "considerável influência" sobre a curva de eficiência marginal do capital. Mais que isso, o *estado de confiança* é "[...] um dos principais fatores que determinam essa escala [de eficiência marginal do capital], a qual é idêntica à curva da demanda de investimento" (KEYNES, 1996, p. 160). Este aspecto é tão importante para Keynes que o mesmo dedicou todo o capítulo 12, *O estado da expectativa a longo prazo*, da *Teoria geral*, para discutir as variações dos investimentos como exclusivamente provenientes das expectativas das rendas esperadas.

Isto posto, *A teoria geral* já revela como a economia do século XX constitui-se, literalmente, de uma grande banca de apostas. Diariamente o destino de milhões de pessoas, em termos de renda, habitação, saúde, trabalho, alimentação, vida e morte, depende, não diretamente, do trabalho e do que o produto deste pode suprir em termos das necessidades sociais da coletividade, mas das expectativas do que um pequeno grupo de capitalistas, através da banca da Bolsa de Valores, esperam quanto aos seus ganhos futuros: "a criação de riqueza nova depende inteiramente de que o seu rendimento provável alcance o nível estabelecido para a taxa corrente de juros" (KEYNES, 1996, p. 210-211).

Dessa forma o emprego, o juro e a moeda e suas relações na economia capitalista, mesmo no contexto da acumulação fordista, não têm uma finalidade social por natureza, tampouco se relacionam com o atendimento do que seria considerado coletivo. Temos, como economistas, o dever de desmitificar a ideia do egoísmo como princípio social tal qual estabelecera Smith em A riqueza das nações: "[...] Portanto, já que cada indivíduo procura, na medida do possível, empregar seu capital em fomentar a atividade nacional e dirigir de tal maneira essa atividade que seu produto tenha o máximo valor possível, cada indivíduo necessariamente se esforça por aumentar ao máximo possível a renda anual da sociedade [...]" (SMITH, 1996, p. 438). Está historicamente comprovado que o egoísmo como princípio econômico produziu uma sociedade contraditoriamente insustentável (social e ambiental); estamos diante da maior prova histórica (o capital é antissocial). O princípio da demanda efetiva e o multiplicador keynesiano são apenas novas roupagens desse velho mito em um novo corpo teórico.

Isso porque no capitalismo, devido a fórmula trinitária do rendimento econômico, o emprego relaciona-se basicamente ao mais-valor (na forma de lucro) que uma parte da força de trabalho empregada pode fornecer ao capital; bem como ao consumo de mercadorias que mantém um determinado ritmo de demanda efetiva compatível com as expectativas dos capitalistas (pelo menos até que uma super oferta de capital se estabeleça e uma crise de acumulação se instale); independentemente se esse ritmo de consumo implica em devastação ambiental e predação de recursos naturais. Nesse modo de produção o emprego não tem nada a ver com a questão de sujeitos sociais participarem como trabalhadores e, ao mesmo tempo, como àqueles que se beneficiarão do resultado do produto do trabalho que produziram.

O emprego para Keynes (1996, p. 346) é meramente uma questão de volume: "[...] é o volume e não a direção do emprego efetivo o responsável pelo colapso do sistema atual". Apesar dessa afirmação se referir a uma análise da eficiência do sistema capitalista em relação ao uso dos fatores de produção, ela revela que a análise keynesiana toma por natural uma construção que é social (a distribuição do produto entre salário, lucro-juro e aluguel) e que o objetivo principal da economia é a acumulação de capital; em Keynes o investimento e a renovação permanente de seu estímulo. Portanto, a solução de Keynes é somente um problema de escala, de um baixo nível de emprego até o pleno emprego, não importa que o sistema sempre se reproduza reproduzindo, ao mesmo tempo, capitalistas, de um lado, e, trabalhadores assalariados, de outro.

Se, apesar de atingido o pleno emprego, ainda persistir a "arbitrária e desigual distribuição da riqueza e das rendas", o problema agora é de outra natureza. Segundo ele, de solução aparentemente simples, pois uma mera questão de tributação: "desde o fim do século XIX, a tributação direta — imposto sobre a renda e sobretaxas, e impostos sobre as heranças — vem conseguindo realizar, especialmente na Grã-Bretanha, considerável progresso na diminuição das grandes desigualdades de riqueza e de renda [...]" (KEYNES, 1996, p. 341). No entanto, sabemos que não há garantias de continuidade de políticas de governo, sejam elas tributárias, sociais ou trabalhista, como medida resolutiva para o problema da "arbitrária e desigual distribuição da riqueza e das rendas", frente ao capital e suas crises. Pois, basta uma crise geral de acumulação, como na década de 1970, bem como o surgimento de novos meios de acumulação (revolução tecnológica-digital e seus desdobramentos), para pôr abaixo todo um conjunto de conquistas históricas conseguidas a duras penas pela classe trabalhadora (em nível mundial). Como Marx (2017a, p. 697) muito bem colocou no livro I de O capital, embora estivesse se referindo exclusivamente ao preço do trabalho diante da relação de produção capitalista: "[...] Na realidade, portanto, a lei da acumulação capitalista, mistificada numa lei da natureza, expressa apenas que a natureza dessa acumulação exclui toda a diminuição no grau de exploração do trabalho ou toda elevação do preço do trabalho que possa ameaçar seriamente a reprodução constante da relação capitalista, sua reprodução em escala sempre ampliada [...]".

Voltemos a ideia da economia como uma grande banca de apostas no grande cassino capitalismo (e a solução de Mr. Keynes). Ele entendeu e analisou os dois lados do "desenvolvimento de mercados financeiros organizados". Por um lado, facilita o investimento. Por outro, "contribui sobremaneira para agravar a instabilidade do sistema". Em relação ao primeiro aspecto a Bolsa de Valores como um sistema permanente de avaliação de investimentos "proporciona a oportunidade frequente" dos investidores reavaliarem suas aplicações, bem como é um termômetro sobre as expectativas de novos investimentos: "[...] as reavaliações diárias da bolsa de valores, embora se destinem, principalmente, a facilitar a transferência de investimentos já realizados entre indivíduos, exercem, inevitavelmente, uma influência decisiva sobre o montante do investimento corrente [...]" (KEYNES, 1996, p. 161).

Por outro lado, Keynes tem plena consciência de que a Bolsa de Valores ao transformar "investimentos que são 'fixos' para a comunidade" em investimentos que são "'líquidos' para os indivíduos", proporciona às flutuações de curto prazo "uma influência excessiva e mesmo absurda" sobre o mercado. Keynes (1996, p. 164), ilustra seu raciocínio da seguinte forma:

> [...] diz-se, por exemplo, que as ações das empresas norte-americanas que fabricam gelo podem ser vendidas a um preço mais elevado no verão, quando os seus lucros são, sazonalmente, elevados, do que no inverno, quando ninguém quer gelo. A ocorrência de feriados bancários mais prolongados pode aumentar o valor de mercado do sistema ferroviário britânico em vários milhões de libras [...] Em períodos anormais em particular, quando a hipótese de uma continuação indefinida do estado atual dos negócios é menos plausível do que usualmente, mesmo que não existam motivos concretos para prever determinada mudança, o mercado estará sujeito a ondas de sentimentos otimistas ou pessimistas, que são pouco razoáveis e ainda assim legítimos na ausência de uma base sólida para cálculos satisfatórios.

As possibilidades abertas ao processo de acumulação de capital na forma D-D' (capital fictício), dirige "as energias e as habilidades do investidor profissional e do especulador" para os ganhos de curto prazo: "[...] À medida que progride a organização dos mercados de investimento, o risco de um predomínio da especulação, entretanto, aumenta [...]" (KEYNES, 1996, p 167). Apesar de Keynes se mostrar muito crítico a esse processo (a "mais anti-social" implicação do "fetiche da liquidez"), ele o tem "como um resultado inevitável dos mercados financeiros organizados em torno da chamada 'liquidez'". Por isso, ele condena o rentista e exalta o investidor de longo prazo:

> [...] aquele que melhor serve o interesse público e é o que, na prática, incorre em maior crítica, ao passo que os fundos de investimento são manejados por comissões ou bancos, pois, em essência, sua conduta é excêntrica, inconvencional e temerária aos olhos da opinião média. Se obtém êxito, isso apenas confirmará a crença geral na sua temeridade; se, no final de contas, sofre reveses momentâneos, pouco serão os que dele se compadecerão. A sabedoria universal indica ser melhor para a reputação fracassar junto com o mercado do que vencer contra ele (KEYNES, 1996, p. 167).

Keynes faz, ainda, uma crítica muito contundente sobre *Wall Street* ao sugerir que uma Bolsa de Valores pode ganhar tanto poder ao ponto de converter o desenvolvimento do capital de um país em um "subproduto das atividades de um cassino"; não podendo, assim, a mesma apesar de sua fama "ser apontada como um dos mais brilhantes triunfos do capitalismo do tipo *laissez-faire*". Mas, ele ainda acreditava "que os mais brilhantes cérebros de *Wall Street*" tinham em mente a "finalidade social precípua" daquela instituição, que seria a de "conduzir os novos investimentos pelos canais mais produtivos em termos de rendimento futuro" (KEYNES, 1996, p. 167-168).

Ao longo da *Teoria geral*, Keynes aponta algumas medidas para aliviar "os males de nossa época", tais como tornar as operações de compra de um investimento definitiva e irrevogável ("salvo em caso de more ou por outro motivo grave"), o que "obrigaria os investidores a dirigir sua atenção apenas para as perspectivas a longo prazo" (KEYNES, 1996, p. 169). Ou, ainda, "[...] restringir a escolha do indivíduo à única alternativa de consumir a sua renda, ou servir-se dele para encomendar a produção de bens específicos de capital, que, embora com evidência precária, se lhe afiguram o investimento mais interessante ao seu alcance [...]" (KEYNES, 1996, p. 169). Mas, o próprio Keynes reconhece que não são soluções adequadas diante da complexidade do problema.

A solução definitiva de Keynes é apresentada no capitulo 16, *Observações diversas sobre a natureza do capital*. A partir de algumas hipóteses ele deduz que a EMgK se reduzirá a um nível de equilíbrio próximo de zero (o estado estacionário keynesiano). Neste contexto, "os produtos do capital" seriam vendidos a um preço na proporção com o trabalho neles incorporado. Estariam eliminados, assim, os problemas decorrentes da acumulação e da especulação, dado que nesse estado estacionário a economia estaria em pleno emprego. A parte final do seu argumento é a seguinte:

> Se tenho razão em supor que é relativamente fácil tornar os bens de capital tão abundantes que sua eficiência marginal seja zero, este pode ser o caminho mais razoável para eliminar gradualmente a maioria das características repreensíveis do capitalismo. Um instante de reflexão mostrará as enormes mudanças sociais que resultariam do desaparecimento progressivo de uma taxa de rendimento sobre a riqueza acumulada. Qualquer pessoa poderia ainda acumular o rendimento de seu trabalho com a intenção de o gastar em data posterior. Mas sua acumulação não cresceria. Ela estaria simplesmente na posição do pai de Pope que, ao retirar-se dos negócios, levou um baú cheio de guinéus para sua vila de Twickenham para atender às despesas domésticas na medida de suas necessidades (KEYNES, 1996, p. 216-217).

Tivesse Keynes o entendimento de Marx de que "os juros se apresentam como o produto próprio e característico do capital", concluiria ele que qualquer solução social (em termos de sua totalidade), sobre emprego, rendimento e distribuição de riqueza e de renda se torna impossível no contexto das relações sociais estabelecidas no modo de produção capitalista: "[...] eis a fórmula trinitária na qual estão contidos todos os segredos do processo de produção social [...]" (MARX, 2017b, p. 877). Os economistas mais brilhantes, como o próprio Keynes, infelizmente não compreenderam a dimensão do "ente altamente místico" no qual se transformara o capital, criando a imagem a partir da qual "todas as forças produtivas sociais do trabalho aparecem como forças pertencentes ao capital" (MARX, 2017b, p. 890). De modo que todas as imagens produzidas nessa forma de economia são invertidas e objeto de apropriação do próprio capital. Por exemplo, o trabalhador assalariado que aparentemente é livre, em essência, transforma-se em servo dos desígnios do capital; e o produto do trabalho que em sua essência é valor de uso transforma-se em fetiche de acumulação (um fator de socialização transformado em seu oposto).

Quando um economista afirma em qualquer mídia social que a dinâmica da economia é fruto do crescimento econômico, que este gera emprego e renda e, consequentemente, eleva o consumo, que por sua vez favorece as expectativas dos empresários quanto a novos investimentos, que gerará um novo ciclo de crescimento econômico; ele está na verdade justificando a exclusão de uma parcela dos sujeitos sociais que vivem em sociedade do processo econômico (produção e produto). Isso porque ao repetir a ideia do multiplicador keynesiano, a velha história de que o aumento da renda devido ao aumento do nível de emprego ocasionado pelos investimentos, acarretará maior consumo, que impulsionará a produção e elevará ainda mais a renda nacional; ele não está considerando que o valor produzido por esse modo de produção se movimenta de forma autônoma em relação aos trabalhadores e suas necessidades e direitos sociais. Motivo de maior preocupação é que o efeito do multiplicador keynesiano, como política de crescimento econômico, ao longo do século XX, diante da fórmula trinitária do rendimento capitalista, implicou em contínuo crescimento do poder do capital, ao ponto de criar massas de capitais tão gigantescas e tão concentradas que se tornaram capazes de regular formas e regimes políticos ao redor do mundo. Além de que é próprio da lógica do cassino intercapitalista do capital exercer a exploração desenfreada dos recursos naturais como justificativa de sustentação do crescimento econômico (novamente enfatizando que tal crescimento é antissocial devido à natureza da estrutura econômica dessa sociedade).

3. Retomar uma velha luta por uma nova sociedade

Quando em algum momento da história (generalização das trocas mercantis) estabeleceu-se como norma social (o que muitos têm por uma lei natural), que as fontes originárias do rendimento econômico (bem como de todo valor de troca), constituem-se da trindade econômica "capital-lucro (lucro empresarial mais juros), terra-renda fundiária, trabalho-salário [...]" (MARX, 2017b, p. 877), não só o emprego, mas tudo o que deveria ter caráter social deixou de ter tal sentido. Pois, dessa forma justifica-se, aparentemente, através da posição social dos sujeitos sociais na produção a participação de cada um na trindade do rendimento econômico e, consequentemente, seu lugar na hierarquia da sociedade do capital. Na essência do capitalismo, porém, o emprego da força de trabalho tem como objetivo tão somente a valorização do capital-lucro, relegando a maior parte dos trabalhadores assalariados a uma condição de servidão consentida. Pois, do produto de seu trabalho somente lhe é permitido um rendimento imediatamente necessário a reposição do seu valor enquanto força de trabalho útil aos processos econômicos do capital.

Para entender melhor a essência do problema basta comparar as relações sociais nos modos de produção escravista, feudal e capitalista. Grosso modo, constituem-se sociedades baseadas no privilégio de uma classe sobre outra justamente pelo poder "econômico" que uma delas detém; mesmo diante, por exemplo, de "[...] todos os complexos e variados laços que prendiam o home feudal a seus 'superiores naturais'" [...] (MARX e ENGELS, 1998, p. 42). O trabalho livre no capitalismo é maior falácia já produzida pelo pensamento econômico. O lucro representando um bem coletivo, no sentido smithiano de que cada um agindo em seu próprio interesse resultará em uma sociedade rica e prospera é outra grande falácia.

Quando se estabelece o dinheiro como norma de distinção social ao mesmo tempo instala-se os fundamentos de uma sociedade de mercadorias e não de sujeitos sociais. Uma coisa é um sujeito social ou um grupo de sujeitos sociais fundarem uma empresa na qual os lucros sejam de propriedade privada para o privilégio de alguns sujeitos sociais, enquanto os trabalhadores assalariados recebem um rendimento que representa tão somente sua reprodução enquanto a mercadoria força de trabalho (capitalismo). Outra coisa seria uma empresa na qual, independente da iniciativa ou do pioneirismo, o lucro (excedente econômico) não representasse uma propriedade privada, mas refletisse a sua essência: o trabalho social nele contido. Dessa forma, uma parte do lucro seria repartida de forma igualitária entre todos os participantes do empreendimento independente da propriedade, cargo ou função desempenhada. A outra parte seria destinada aos objetivos de modernização e ampliação do negócio. Dessa ótica, deixaria de existir a ideia da fórmula trinitária como norma social dos rendimentos econômicos e, consequentemente, da exploração do trabalho como fonte de valorização do valor. Fico imaginando o tipo de inovação técnica surgiria, visto que tal mudança alteraria a finalidade da maquinaria no modo de produção capitalista (baratear mercadorias e encurtar a parte da jornada de trabalho destinada a reprodução do próprio trabalhador). Precisamos desmitificar a ideia de que a inovação é uma função do lucro. Somente eliminando a fórmula trinitária isso será possível, o que seria o mesmo que eliminar a relação capital e, por consequência, o capitalismo.

Voltemos à Inglaterra de meados do século XIX para relembrar a longa luta da classe trabalhadora para regulamentar, entre 1833 e 1867, através dos *Factory Acts*, o trabalho de crianças, mulheres, a redução da jornada de trabalho de 12 para 10 horas e as condições de trabalho; "O fato é que, antes da lei de 1833, crianças e adolescentes eram postos a trabalhar a noite toda, o dia todo, ou ambos, *ad libitum* [à vontade]" (Marx, 2017a, p. 350; citando os *Factory Inspectors Report* de 30th April 1860). Em 1837, o economista Nassau Senior elaborou um argumento em defesa dos fabricantes de Manchester no qual se colocava contra "a crescente agitação pela jornada de 10 horas"; luta que durou praticamente 20 anos (1830 a 1850), e na qual "o antagonismo de classes chegara a um grau de tensão inacreditável".

Segundo ele, no que Marx (2017a, p. 637) denominou "a última hora de Senior", "[...] o ganho líquido inteiro, incluindo o 'lucro', os 'juros' e até *something more*'", dependiam da última hora de trabalho. Afirma ele, ainda, que se tal lei fosse aprovada levaria a indústria inglesa a ruína. Todavia, o que se assistiu, entre 1853 e 1860, nos ramos regulamentados da indústria foi "seu admirável desenvolvimento" e o "renascimento físico e moral dos trabalhadores fabris". Marx (2017a, p. 367), até mostra a mudança dos economistas em relação a legislação fabril: "[...] Os fariseus da "economia política" proclamaram, então, a compreensão da necessidade de uma jornada de trabalho fixada por lei como uma nova conquista característica de sua 'ciência'[...]".

O que nos impede de implementar uma luta pela socialização do lucro na contemporaneidade da mesma forma que os trabalhadores lutaram pela jornada de trabalho no século XIX? Visto que já está mais que provado que a fórmula trinitária do rendimento econômico capitalista não se mostrou suficiente como fundamento para consolidação de uma sociedade plena de liberdade, igualdade, justiça e democracia. Por que funções sociais diferentes precisam de recompensas monetárias diferentes se cada um e todos nós temos necessidades sociais iguais em termos de saúde, habitação, educação, transporte, cultura, lazer, etc? Temos de desmitificar o reconhecimento e o mérito pessoal pela quantidade de dinheiro que podemos acumular (propriedade privada do lucro) e nos reconhecer tão somente pelas nossas funções sociais enquanto sujeitos sociais.

Façamos um breve exercício de imaginação! Imaginemos que todas as vidas importam e que ser gari ou médico, garçom, advogado, empreendedor, inovador, político, etc, ou exercer qualquer função social não deve tornar um sujeito social melhor que outro, nem mais rico ou mais importante. Imaginemos que um "peão de obra" possa ter tanto acesso ao produto de seu trabalho quanto o seu patrão. Que o ramo da construção civil não produza com o objetivo de acumular capital, mas para atender as necessidades de habitação, saúde, educação, governo, etc; enfim, que toda infraestrutura econômica e social seja produzida para as necessidades da coletividade e não para os interesses do cassino do capital. Da mesma forma, imagine uma cidade que não seja feita para os carros, mas para as pessoas. Na qual, ainda, os deslocamentos diários fossem realizados por um amplo sistema de transporte coletivo totalmente social. Imagine uma agricultura que não seja pensada para os lucros. Será que usaríamos tantos venenos? Será que produziríamos tantos grãos para alimentar gado e não pessoas? Quais tipos de culturas teriam lugar nessa agricultura e como seria reconfigurada a relação cidade/campo? Imagine, ainda, que todos pudessem ter acesso a mesma educação, saúde e todos os serviços sociais em igualdade de condições e acesso. Imagine uma indústria farmacêutica produzindo medicamentos não para aumentar os lucros dos acionistas, mas para a saúde das pessoas.

Fico pensando nessa sociedade sem lucro-juro, salário e aluguel, na qual entraríamos em um supermercado, por exemplo, e veríamos que todos naquele espaço, apesar de suas diferentes funções, têm a mesma importância como sujeitos sociais, porque todos também possuem a mesma importância econômica uns frente aos outros. Socialmente todos dispõe da mesma infraestrutura econômica e social para realização de sua vida coletiva, individual e familiar. Que tipos de espaços sociais de encontros, lazer e cultura, teríamos numa sociedade assim? Além dos espaços restritos a mero consumo como temos hoje (*shopping centers*, *Outlets*). Aliás, que sentido faz pensar em crescimento, emprego, taxa de juros, nessa forma de economia? Os governos deixarão de funcionar para atender os interesses das empresas (grande capital), uma vez que as estas mudarão seu objetivo da mercadoria capital para o sujeito social. Imagine a dívida pública sendo utilizada para o bem coletivo e não para a acumulação de meia dúzia de grande proprietários ou acionistas. Os bancos em uma economia dessa natureza deixariam de funcionar como "arapucas de renda" do conjunto da população e de meio de produzir dinheiro através de dinheiro (capital fictício).

Quando em algum momento nossa luta tiver sucesso através de alguns países também talvez consigamos transformar as relações entre nações. Nações produzindo para pessoas e não para mercadorias (dinheiro-capital) poderão trocar a produção permanente de armas pela produção de soluções mais razoáveis para as sociedades e para o planeta. Finalmente, talvez tenhamos a chance de subjugar de forma consciente e coletiva nossa "pulsão de morte", sempre tão explorada no capitalismo para seus fins de acumulação. Somente uma outra economia, que tenha como fundamento o sujeito social e os conteúdos da vida, poderá equalizar as questões social, ambiental e de saúde humana, extenuadas pelo capital e suas metamorfoses. Não há alternativa no capitalismo com sua fórmula trinitária do rendimento econômico e seu grande cassino intercapitalista do capital.

Os limites sociais, ambientais e da própria saúde dos seres humanos, de uma economia que tem como objetivo a produção pela produção e a acumulação pela acumulação – porque na base de sua estrutura econômica estão relações socais que transformam sujeitos sociais em mercadorias para serem consumidos na forma de trabalho e mais-trabalho por outro grupo de sujeitos sociais – já são de todo evidente para todos e em todas as partes do mundo. Temos também cada vez mais conhecimento da perversidade que é a produção e a fórmula trinitária do rendimento capitalista. A título de ilustração chamamos a atenção do leitor para um pequeno conjunto de documentários que podem começar a despertar o desejo de levar adiante essa luta. Porque de alguma forma precisamos voltar a lutar, precisamos reunir forças e, agora, através possibilidade de comunicação instantânea, dizer não a fórmula trinitária do rendimento capitalista, ao grande cassino intercapitalista do capital e estabelecer uma nova forma de rendimento, na qual todos as vidas importem de forma igual diante do nível técnico das forças sociais produtivas alcançadas (memos direitos sociais para todos, visto que não reconhecemos mais diferenças econômicas entre sujeitos sociais). O cineasta Michael Moore em *Capitalismo: uma história de amor*, de 2009, além de analisar as causas e impactos da grande crise financeira de 2008, mostra como a atividade capitalista de forma geral não tem a menor consideração com a vida e com a coletividade (um sistema que toma mais do que dá). No setor de saúde, o documentário *Operação Enganosa*, de 2022, do diretor americano Kirby Dick, revela o poder do ramo dos dispositivos médicos tanto em prejudicar a vida de milhares de pessoas quanto de colocar em risco a vida de outros milhares, em nome da inovação e dos lucros de tal setor. *Seaspiracy*, de 2021, dirigido e estrelado por Ali Tabrizi, e *Cowspiracy: o oegredo da sustentabilidade*, de 2014, dirigido e produzido por Kip Andersen e Keegan Kuhn, apesar de seu apelo ao veganismo como solução final, representam relatos importantes sobre a magnitude da destruição já alcançada com a forma de produção capitalista (predação-exploração) sobre os oceanos e sobre a terra. Por último, destacamos o artigo de Ricardo Abramovay, intitulado *Programa de desintoxicação química*, publicado no *site aterraeredonda*, de 04/05/2022, no qual relata o que está sendo chamado na Europa de "a grande desintoxicação", diante da constatação de que:

> [...] são cada vez mais robustas as evidências sobre o caráter tóxico da riqueza nas sociedades contemporâneas. O que já se convencionou chamar de 'poluições do cotidiano' está não apenas nos alimentos (sob a forma de agrotóxicos) e no ar (pela queima de combustíveis fósseis), mas também nos brinquedos, mamadeiras, fraldas, aparelhos eletrônicos, embalagens alimentares, cosméticos, móveis, roupas, na água, nos solos e, cada vez mais, é claro, em nossos corpos.

O dinheiro e, mais precisamente, qualquer meio e forma de sua acumulação e concentração (como capital) se tornou a forma mais "nobre" de distinção entre sujeitos sociais no capitalismo; o que por sua vez reduziu as relações sociais a meras relações econômicas com todas suas implicações nefastas do ponto de vista da sociabilidade humana, como tão bem conhecemos hoje em dia (o fetiche do dinheiro e da mercadoria nunca esteve mais na ordem do dia que no capitalismo contemporâneo). Vale enfatizar, como ilustração, que a construção do sonho americano foi menos um resultado do keynesianismo, apesar de sua prática se tornar uma forma de política econômica ativa em muitos países, entre o fim da segunda guerra e os anos 1970, e mais uma forma de acumulação advinda da grande destruição material (aparelhos industriais da Europa e da Ásia) e de milhares de vidas humanas daquele terrível evento histórico; que afinal se tornou tão oportuno para a consolidação da hegemonia mundial dos Estados Unidos na segunda metade do século XX.

4. Conclusão

Se não aceitarmos que o capital é uma relação social que torna distintos sujeitos sociais não porque os mesmos têm funções sociais diferentes, mas simplesmente pelo objetivo de acumulação de capital por parte dos capitalistas; e de consumo ilimitado por uma classe relativamente limitada de altos assalariados que administram e promovem os negócios capitalistas. Se não aceitarmos que o dinheiro com a generalização das trocas assume uma função autônoma em relação ao valor, ou melhor, autonomiza o valor em relação a seu criador, o trabalhador assalariado. Se não aceitarmos que o grau civilizatório proporcionado pelo progresso técnico de base capitalista é muito mais uma questão de maiores possibilidades de extração de mais-valor e concentração de riqueza abstrata em poucas mãos (capitalistas). Se não entendermos que o crescimento econômico é tão somente o resultado de um jogo intercapitalista em busca de maiores ganhos de capital no grande cassino chamado capitalismo; jamais conseguiremos realmente entender o real significado da sociedade que estabelecemos, da nossa civilização e humanidade, suas possíveis possibilidades de transformação ou não. Por exemplo, se continuarmos aceitando como natural que o grau de distinção entre sujeitos sociais se dê de acordo com a fórmula trinitária do rendimento capitalista, o capital na forma de lucro-juros continuará aumentando seu poder de comando e domínio sobre todos os aspectos da totalidade social.

Quando transformamos todos os aspectos materiais e imateriais da vida e, correspondentemente, da sociedade em mercadorias (trabalho, saúde, educação, habitação, cultura, transporte, etc), imediatamente os destituímos do caráter social contido nos mesmos e, precarizamos, no limite, as relações sociais, reduzindo-as a meros símbolos monetários, sem consideração alguma pelos conteúdos da vida e do ser. Entender o processo econômico capitalista a partir dessa dimensão do fetiche do dinheiro e da mercadoria permite-nos direcionar nossa luta para a radical transformação das relações socais para além do lucro-juro, do salário e dos aluguéis, como fórmula social das fontes originárias do rendimento econômico.

Para tanto, trabalho, saúde, educação, habitação, cultura, transporte, etc, precisam necessariamente serem destituídos de seu caráter de mercadoria e reestabelecidos como atividades com fins sociais. Está na moda falar de cidades inteligentes por conta da revolução tecnológica que vivenciamos. No entanto, no contexto das relações sociais de produção (produção social e apropriação do produto privada) e de uma economia baseada no ajuste entre "a propensão a consumir e o estímulo a investir", ou seja, sem uma revolução na estrutura econômica capitalista (na fórmula trinitária do rendimento econômico), as cidades inteligentes estarão somente reproduzindo o tipo de cidade que já conhecemos; com a diferença da oferta de avançados serviços tecnológicos para quem puder pagar pelos mesmos. Uma cidade inteligente, independentemente do nível de tecnologia que alcancemos, seria uma cidade que fornecesse ao conjunto de sua população, sem distinção de raça, credo ou cor da pele, de forma igual, trabalho, saúde, educação, cultura, habitação, transporte, lazer, etc. Todavia, isso não será possível enquanto estes elementos forem tratados como mercadoria e enquanto o objetivo da economia estiver determinado pelo ajuste entre "a propensão a consumir e o estímulo a investir". O mesmo vale para as energias renováveis, os carros elétricos ou qualquer outra solução que não considere o problema da estrutura econômica do capitalismo (fórmula trinitária do rendimento capitalista).

Não há alternativas dentro do capitalismo! Ou estabelecemos uma nova forma de sociabilidade na qual a produção, circulação e distribuição, tenham objetivos sociais; na qual os sujeitos sociais sejam reconhecidos pelas suas funções sociais e não pela quantidade de dinheiro e capital que possam concentrar, em relação ao demais sujeitos sociais, ou pereceremos diante do capital. Somente através desse entendimento e de muita luta alcançaremos a revolução social necessária para a realização do sonho de Marx, de uma sociedade sem classes; representada pela emancipação do ser social (liberdade, igualdade, justiça e solidariedade), e pelo fim da exploração do homem pelo homem (marcando o fim da nossa pré-história e começo da nossa história humana propriamente dita).

Afinal, até um economista burguês como Keynes (1996, p. 161), pode reconhecer que: "[...] se a natureza humana não sentisse a tentação de arriscar a sorte, nem de sentir a satisfação (excluindo-se o lucro) de construir uma fábrica, uma estrada de ferro, de explorar uma mina ou uma fazenda, provavelmente não haveria muitos investimentos como mero resultado de cálculos frios".

"Proletários de todos os países, uni-vos!" Pois, o capital pode estar a caminho de criar um mundo no qual os trabalhadores assalariados talvez não possam mais se constituírem como classe para fazer frente ao seu poder. Luta ampla pela socialização dos lucros! Pela igualdade econômica entre os sujeitos sociais! Pelo fim do capitalismo!

5. Referências

ABRAMOVAY, Ricardo. Programa de desintoxicação química. Publicado em no *site* *aterraeredonda* em 04/05/2033. Disponível em: https://aterraeredonda.com.br/?s=quimica.

KEYNES, John Maynard. A Teoria Geral do Emprego, do Juro e da Moeda. São Paulo: Editora Nova Cultural Ltda, 1996. (Os economistas)

MANDEL, Ernest. O capitalismo tardio. São Paulo: Abril Cultural, 1982. (Os economistas)

MARX, Karl. O capital: crítica da economia política. Livro I: o processo de produção do capital. 2ª ed. São Paulo: Boitempo, 2017a.

_____. O capital: crítica da economia política. Livro III: o processo global da produção capitalista. São Paulo: Boitempo, 2017b.

_____; ENGELS, Friedrich. Manifesto comunista. São Paulo: Boitempo, 1998.

SMITH, Adam. A riqueza das nações: investigação sobre sua natureza e suas causas. Editora Nova Cultural: São Paulo, 1996. (Os economistas)

Pobreza na abundância

Pobreza na abundância

"[...] são as ideias, e não os interesses escusos, que representam um perigo, seja para o bem ou para o mal."
Keynes. Teoria geral do emprego, do juro e da moeda.

1. Introdução

É consenso entre economistas que *A teoria geral do emprego, do juro e da moeda* é um divisor de águas na teoria econômica. Enquanto a teoria clássica original parte da lei dos mercados como princípio geral para explicação dos fenômenos econômicos, a teoria keynesiana tem como fundamento o princípio da demanda efetiva. Todavia, a definição de "teoria clássica" de Keynes é muito mais ampla, pois inclui também o pensamento neoclássico (Marshall e Pigou, por exemplo).

Com base no princípio da demanda efetiva foi possível a Keynes formular um novo paradigma econômico (no sentido kuhniano), no qual a ciência normal clássica deixou de determinar o até onde se pode pensar e o tipo de realização científica universalmente reconhecida pela comunidade de economistas. Em outras palavras, a sistematização do princípio da demanda efetiva proporcionou o surgimento de um novo conjunto de problemas e soluções modelares relegando à teoria clássica ampla a um caso válido (pleno emprego dos fatores), embora de existência real muito improvável na realidade econômica de uma "comunidade industrial moderna"; de forma que "[...] os ensinamentos daquela teoria seriam ilusórios e desastrosos se tentássemos aplicar as suas conclusões aos fatos da experiência [...]" (KEYNES, 1996, p 43).

Na base deste novo paradigma estava o reconhecimento teórico e prático da relação entre insuficiência da demanda efetiva e as crises econômicas e, principalmente, o entendimento de que sem intervenções do setor público, para além das de caráter estritamente monetário, o círculo vicioso da crise seria muito mais difícil de ser quebrado e os custos sociais, econômico e políticos, muito mais elevados no tempo e no espaço. Para Keynes (1996), era preciso considerar as implicações da insuficiência da demanda efetiva para as questões de prosperidade econômica, problema que não fazia parte das formulações da "teoria clássica", pois segundo seus postulados deveria sempre "[...] existir uma tendência natural para o emprego ótimo dos recursos [...]" (KEYNES, 1996, p 66).

2. O problema da "teoria clássica"

O problema da "teoria clássica", segundo Keynes, estava em pensar a economia segundo o desejo daqueles economistas (e nosso), ou seja, de uma economia que estivesse sempre no caminho do pleno emprego e, na qual os empecilhos do mundo real fossem tão somente dificuldades removíveis ao longo dessa trajetória (se respeitada a lei dos mercados); a não ser pela constante ameaça do Estado Estacionário (teoria clássica original), caso tudo não estivesse sempre do gosto e à mão da classe capitalista. Para Keynes, a insuficiência de demanda efetiva era mais que uma simples dificuldade removível, pois a demanda efetiva era o grande enigma que faltava ser decifrado para entender o comportamento das comunidades industriais modernas, em temos de seus ciclos, crises e contramedidas necessárias.

Do ponto de vista teórico parece existir uma grande diferença entre o padrão de sociabilidade (relação trabalho/capital) derivado da teoria clássica original e da teoria keynesiana, de base neoclássica. Na teoria clássica original, de Smith e Ricardo, por exemplo, a renda do trabalhador assalariado estava associada a um salário natural, que consistia basicamente na garantia da reprodução física do trabalhador enquanto meio de produção.

Porém, a figura do excedente econômico era cara ao pensamento clássico original e se tornou perigosa nas mãos de Marx (formulação de uma teoria da exploração do trabalho no capitalismo e da superação deste modo de produção como solução para uma nova sociabilidade livre de relações de exploração e expropriação). Para Keynes, a determinação da renda do trabalhador está relacionada aos pressupostos da economia neoclássica; pela qual o salário é igual ao produto marginal do trabalho. Por essa teoria a determinação dos salários está relacionada à produtividade do trabalho e não ao nível de subsistência do trabalhador.

Para a teoria neoclássica, simplesmente, não existe excedente, já que sendo cada fator remunerado pela sua produtividade marginal, a totalidade do produto se esgota no processo distributivo. Assim, de forma teórica, ainda que a realidade continuasse contradizendo a teoria, as remunerações do capital e do trabalho foram tornadas de natureza igual. Todavia, a dinâmica histórica capitalista acaba por anular as diferenças teóricas entre as escolas clássica e neoclássica quanto a relação capital/trabalho. Marx constatara o fundamento dessa relação mesmo antes do advento da teoria neoclássica: "[...] o aumento do preço do trabalho é confinado, portanto, dentro dos limites que não só deixam intactos os fundamentos do sistema capitalista, mas asseguram sua reprodução em escala cada vez maior [...]" (MARX, 2017, p. 697).

Keynes se dá conta da grande diferença existente entre os pressupostos da "teoria clássica" e a economia real de sua época. Não porque os salários continuem a representar uma forma de remunerar o uso da força de trabalho baseada em trabalho não pago e, consequentemente, na apropriação privada do excedente econômico. Mas, porque a economia não se encontra em uma situação de pleno emprego dos fatores e porque "a população raramente encontra tanto emprego quanto desejaria ao salário corrente".

Para ele, de forma geral, o único relato detalhado da "teoria clássica" do emprego era o livro *Theory of Unemployement*, de Pigou, com os seguintes postulados: (1) "o salário e igual ao produto marginal do trabalho"; e (2) "a utilidade do salário, quando se emprega determinado volume de trabalho, é igual à desutilidade marginal desse mesmo volume de emprego". Grosso modo, o primeiro postulado estabelece que o nível de emprego atinge seu limite quando o produto marginal do trabalho é igual ao salário (PMgL = w). Já, o segundo postulado, que estabelece "[...] que o salário real de uma pessoa empregada é exatamente suficiente (na opinião das próprias pessoas empregadas) para ocasionar o volume de mão-de-obra efetivamente ocupado [...]" (KEYNES, 1996, p. 46), torna-se alvo da crítica de Keynes.

A partir dos dois postulados acima referidos a "teoria clássica" estabelece o volume dos recursos empregados em uma economia. O primeiro fornece a curva de demanda por emprego e o segundo a curva de oferta, sendo o volume de emprego fixado pelo ponto no qual a utilidade do produto marginal do trabalho iguala a desutilidade do emprego marginal. Este equilíbrio tem como fundamento o pressuposto de que a oferta de trabalho é função unicamente de salários reais. No entanto, segundo Keynes, dentro de certos limites, as exigências dos trabalhadores assalariados têm mais a ver com um mínimo de salário nominal que com de salário real. Resultado que altera a curva de oferta de trabalho da "teoria clássica", que agora se deslocará a cada movimento de preços "[...] deixando totalmente indeterminada a questão do que será o nível efetivo de emprego [...]" (KEYNES, 1996, p. 48).

Dessa forma, os pressupostos da "teoria clássica", pelo segundo postulado, somente admitem dois tipos de desemprego. O friccional relacionado a "[...] certas imperfeições de ajustamento [...] como, por exemplo, o desemprego em razão de uma temporária desproporção dos recursos especializado, resultante de cálculos errados, da procura intermitente, de atrasos decorrentes de mudanças imprevista, ou, ainda, do fato de que a transferência de um emprego para outro não se realiza sem certa demora [...]" (KEYNES, 1996, p. 46).

O desemprego voluntário, relacionado a recusa do trabalhador em aceitar uma remuneração equivalente à sua produtividade marginal, que pode ser "[...] em decorrência da legislação, dos costumes sociais, de um entendimento para contrato coletivo de trabalho, ou, ainda, da lentidão em adaptar-se às mudanças ou, simplesmente, em consequência da obstinação humana [...]" (KEYNES, 1996, p. 47). Estes dois tipos de desemprego, admitidas pelo segundo postulado, da igualdade entre o salário real e desutilidade marginal do emprego, descreve o "estado de coisas" denominado pela "teoria clássica" de pleno emprego, que também coincide com "uma teoria da distribuição em condições de pleno emprego".

Keynes, então, se pergunta se as duas categorias acima abrangem toda o problema do emprego, considerando que "a população raramente encontra tanto emprego quanto desejaria ao salário corrente. Para ele a conclusão alcançada pela "teoria clássica" e pelos autores que a seguem, era perfeitamente lógica e inevitável, mas sem nenhuma aderência com a realidade. Pois, consistia, simplesmente, na recusa dos fatores não empregados em aceitar uma remuneração correspondente à sua produtividade marginal.

> [...] Se a procura de mão-de-obra ao salário nominal vigente se acha satisfeita antes de estarem empregadas todas as pessoas desejosas de trabalhar em troca dele, isso se deve a um acordo declarado ou tácito entre os operários de não trabalharem por menos, e que, se todos eles admitissem uma redução dos salários nominais, maior seria o volume de emprego atendido (KEYNES, 1996, p. 48).

Keynes recorre a realidade do desemprego nos Estados Unidos, em 1932, para contestar a solução da "teoria clássica". Pois, segundo ele, "[...] não é muito plausível afirmar que o desemprego nos Estados Unidos em 1932 tenha resultado de uma obstinada resistência do trabalhador em aceitar uma diminuição dos salários nominais, ou de uma insistência obstinada de conseguir um salário real superior ao que permitia a produtividade do sistema econômico [...]" (KEYNES, 1996, p. 49). Assim, o desemprego que caracteriza um período de depressão não parece estar associado a uma recusa da mão-de-obra em aceitar uma diminuição dos seus salários nominais. Dessa forma, Keynes deriva uma nova categoria de desemprego não coberta pela "teoria clássica": o desemprego involuntário".

> Existem desempregados involuntários quando, no caso de uma ligeira elevação dos preços dos bens de consumo de assalariados relativamente aos salários nominais, tanto a

> oferta agregada de mão-de-obra disposta a trabalhar pelo salário nominal corrente quanto a procura agregada da mesma ao dito salário são maiores que o volume de emprego existente (KEYNES, 1996, p. 53).

Portanto, para Keynes, a "teoria clássica" não era aplicável aos problemas do desemprego involuntário, somente ao caso do pleno emprego. Se pelo lado da oferta a "teoria clássica" não se sustenta dada sua incapacidade de explicação do desemprego involuntário, o mesmo ocorre do lado da demanda. Keynes passa então a examinar as consequências do primeiro postulado, mas guarda a análise da teoria dos salários em sua relação com emprego para o livro V, Salários Nominais e Preços. No capítulo 2, Os Postulados da Economia Clássica, apenas conclui que se a "teoria clássica" depende da hipótese de inexistência de desemprego involuntário e esta não se sustenta na realidade, logo, também, não se sustentam as hipóteses de "que o salário real é igual à desutilidade marginal do trabalho"; e de que "a oferta cria sua própria procura". Pois, essas três hipóteses "[...] equivalem-se entre si, no sentido de que subsistem ou desmoronam juntas, pois qualquer delas depende, logicamente, das outras duas" (KEYNES, 1996, p. 58).

3. A crítica da lei de Say

A crítica de Keynes à lei de Say é muito sintética, mas ao mesmo tempo devastadora. Consiste basicamente em demonstrar que sua fundamentação e implicações não têm aderência numa realidade na qual a moeda assumiu uma dimensão muito maior que apenas a de função de intermediação de trocas. Uma teoria que tem como suposições que (1) a economia (lei de Say) é baseada em trocas reais, (2) a moeda é um elemento passivo na produção e nas trocas e (3) um ato de poupança individual conduz inevitavelmente a um ato de investimento, é como na analogia de Keynes, pensar de forma euclidiana em um mundo não euclidiano. Portanto, para ele, não há "nenhuma outra solução a não ser rejeitar o axioma das paralelas e elaborar uma geometria não euclidiana", no caso em apreço "um sistema econômico em que o desemprego involuntário seja possível no seu sentido mais estrito"; considerando "a hipótese da igualdade entre o preço da procura da produção global e o preço da oferta" o "axioma das paralelas".

Uma nova teoria econômica deve ser formulada, pois todas as elaborações derivadas da "teoria clássica" devem ser novamente deduzidas: "[...] as vantagens sociais da poupança individual e nacional, a atitude tradicional para com a taxa de juros, a teoria clássica do desemprego, a teoria quantitativa da moeda, as vantagens ilimitadas do laissez-faire quanto ao comércio externo e muitos outros aspectos que teremos de discutir" (KEYNES, 1996, p. 58).

4. O princípio da demanda efetiva

Para definir o princípio da demanda efetiva Keynes parte do papel do empresário diante de uma "determinada situação técnica, de recursos e de custos". Neste contexto o emprego de certa quantidade de mão-de-obra impõe ao empresário keynesiano duas espécies de gastos: custo de fatores e custo de uso. O primeiro refere-se aos montantes que ele paga aos fatores de produção por seus serviços habituais.

O segundo, "são os montantes que paga a outros empresários pelo que lhes compra, juntamente com o sacrifício que faz utilizando o seu equipamento em vez de o deixar ocioso". A renda do empresário ou o lucro, como definido por Keynes, é a diferença entre o valor da produção e a soma do custo (de fatores e de uso). A soma de custo de fatores mais lucro é definida pelo autor como renda total; resultante do emprego oferecido pelo empresário – ou em termos sintéticos, o produto resultante de certo volume de emprego, ou, mais categoricamente, a demanda agregada. Todavia esse produto para ser realizado depende do nível de receita que os empresários esperam receber da correspondente produção: o preço da oferta agregada.

Que nada mais é que o produto esperado, "que é exatamente suficiente para que os empresários considerem vantajoso oferecer o emprego em questão". Dessa forma, se para determinado volume de recursos empregados o preço da oferta agregada se apresenta superior, haverá incentivo para os empresários aumentarem o emprego de fatores para além do ponto de interseção entre as funções de demanda agregada e oferta agregada. Ponto denominado por Keynes de demanda efetiva. Nos próprios termos do autor:

> Seja Z o preço de oferta agregada da produção resultante do emprego de N homens e seja a relação entre Z e N, que chamaremos função da oferta agregada, representada por $Z = \varphi(N)$. Da mesma forma, seja D o produto que os empresários esperam receber do emprego de N homens, sendo a relação entre D e N, a que chamaremos função da demanda agregada, representada por $D = f(N)$ [...] Dessa maneira, se para determinado valor de N o produto esperado for maior que o preço da oferta agregada, isto é, se D for superior a Z, haverá um incentivo que leva os empresários a aumentar o emprego acima de N e, se for necessário, a elevar os custos disputando os fatores de produção, entre si, até chegar ao valor de N para o qual Z é igual a D. Assim, o volume de emprego é determinado pelo ponto de interseção da função da demanda agregada e da função da oferta agregada, pois é neste ponto que as expectativas de lucro dos empresários serão maximizadas. Chamaremos demanda efetiva o valor de D no ponto de interseção da função da demanda agregada com o da oferta agregada (KEYNES, 1996, p. 60-61).

O problema da formulação clássica original, de que a oferta cria sua própria demanda, e que continuava subjacente na teoria econômica ortodoxa, implica em que o preço da demanda agregada sempre se ajusta ao preço da oferta agregada; o que resulta em uma indeterminação no volume de emprego da economia ("salvo na medida em que a desutilidade marginal do trabalho lhe fixe um limite superior"). Pois, isso significa que a demanda efetiva comporta uma série infinita de valores de equilíbrio e não um único valor.

Como constatou Keynes (1996), tal resultado se deve a "uma hipótese especial a respeito da relação existente entre estas duas funções" (oferta e demanda), qual seja, de que elas são sempre iguais para qualquer volume de emprego:

> [...] deve significar que $f(N)$ e $\varphi(N)$ são iguais para todos os valores de N, isto é, para qualquer volume de produção e de

> emprego; e que, quando há um aumento em Z (= φ(N)) correspondente a um aumento em N, D (= f(N)) aumenta necessariamente na mesma quantidade que Z. A teoria clássica supõe, em outras palavras, que o preço da demanda agregada (ou produto) sempre se ajusta ao preço da oferta agregada, de tal modo que, seja qual for o valor de N, o produto D adquire um valor igual ao do preço da oferta agregada Z que corresponde a N [...] (KEYNES, p. 61).

Keynes constatou outro problema com a formulação clássica além daquele da relação especial entre as funções de oferta e demanda. Trata-se da "[...] situação em que o emprego agregado é inelástico diante de um aumento na demanda efetiva relativamente ao nível de produto correspondente àquele nível de emprego [...]" (KEYNES, 1996, p. 61). Mesmo havendo incentivos que levam os empresários a aumentar o emprego chegar-se-á a um ponto no qual "um novo aumento no valor da demanda efetiva já não é acompanhado por um aumento da produção"; ou seja, existem obstáculos para o pleno emprego. De forma que a lei de Say não é verdadeira no que diz respeito a relação entre oferta e demanda e sua consequente determinação do volume de emprego dos recursos. Pelo menos em duas situações não previstas na "teoria clássica": 1) curto prazo (oferta fixa em relação a demanda); e insuficiência de demanda.

Entretanto, a principal causa de não correspondência entre oferta e demanda como prevista na lei de Say é para Keynes uma questão de psicologia: "[...] a psicologia da comunidade é tal que, quando a renda real agregada aumenta, o consumo agregado também aumenta, porém não tanto quanto a renda [...]" (KEYNES, 1996, p. 62). Essa psicologia da comunidade é denominada e quantificada por Keynes no conceito de propensão a consumir da comunidade e dela dependerá a taxa de investimento corrente.

Por sua vez, esta última também dependerá do "incentivo para investir", que depende da relação entre o "complexo das taxas de juros que incidem sobre os empréstimos de prazos e riscos diversos" e o que o autor denominou de eficiência marginal do capital. Dada a propensão a consumir e a taxa do novo investimento haverá apenas um nível de emprego compatível com o equilíbrio econômico. Este nível não pode ser maior que o pleno emprego. Todavia, nada garante que ele seja exatamente igual ao nível de pleno emprego, pois a demanda efetiva associada a este é um caso especial de uma relação particular (ótima) que só se verifica por "acidente ou desígnio", quando a propensão a consumir e o incentivo para investir proporcionam "[...] um volume de demanda justamente igual ao excedente do preço de oferta da produção resultante do pleno emprego sobre o que a comunidade decida gastar em consumo quando se encontre em estado de pleno emprego" (KEYNES, 1996, p. 62-63).

Keynes (1996) resumiu sua teoria da demanda efetiva em oito proposições. Primeira, o volume de emprego N, dadas as condições de técnica, recursos e custos, determina a renda monetária e real. Segunda, a propensão a consumir determina a relação entre renda e consumo (D1). Isso quer dizer que D1 depende do montante de renda e, consequentemente, do volume de emprego N (relação que é alterada por uma mudança na propensão a consumir). Terceira, a demanda efetiva, D, é o somatório dos gastos em consumo (D1) e do montante que os empresários resolvem aplicar em novos investimentos (D2). Portanto, a demanda efetiva, D, determina a quantidade de mão-de-obra, N, que os empresários resolvem empregar. Quarta, o consumo uma função do emprego, isto é, D1 é uma função de N, de forma que a função consumo pode ser escrita como Φ (N). Dado que a condição de equilíbrio é D1 + D2 = D = Φ (N), demanda igual a oferta e, sendo D1 constante no curto prazo da a propensão a consumir, a variável determinante do nível de emprego e, consequentemente, do ponto de equilíbrio é D2, ou seja, Φ (N) – (N) = D2. Quinta, "Consequentemente, o nível de emprego de equilíbrio depende (i) da função da oferta agregada, φ, (ii) da propensão a consumir, χ, e (iii) do montante do investimento, D2. Esta é a essência da Teoria Geral do Emprego" (KEYNES, 1996 p. 63). Sexta, a proposição quinta não é compatível com a hipótese de salários nominais constantes, pois isso implica em que N não pode exceder o valor que reduz o salário real até igualar com a desutilidade marginal da mão-de-obra; em outras palavras, salários nominais constantes não são compatíveis com todas as variações de D.

As proposições sete e oito representam uma comparação entre a teoria clássica e a teoria proposta por Keynes. Segundo a sétima proposição, na teoria clássica, somente pode haver equilíbrio estável no nível de pleno emprego. Antes desse nível existe o que Keynes denominou de "equilíbrio neutro"; sempre que N seja inferior ao seu valor máximo. Esse equilíbrio neutro é levado para o equilíbrio estável (valor máximo de N) através da força da concorrência.

Na proposição oitava, Keynes argumenta que a passagem do equilíbrio neutro ao equilíbrio de pleno emprego não é automática, como preconizada pelos clássicos. Isso porque dadas as condições da propensão a consumir (não alteração da mesma), o emprego pode não aumentar, de modo que a lacuna entre a oferta e a demanda agregada não seja preenchida, ou seja, o sistema econômico pode encontrar um equilíbrio estável com N em um nível inferior ao de pleno emprego. Esta é a tese que revolucionou a teoria econômica e que Keynes desenvolveu ao longo do seu livro. Pela sua importância transcrevemos na integra para o leitor:

> [...] (8) Quando o emprego aumenta, D1 também aumenta, porém não tanto quanto D, visto que, quando nossa renda sobe, nosso consumo também sobe, embora menos. A chave do nosso problema prático encontra-se nesta lei psicológica. Disso decorre que, quanto maior for o nível de emprego, maior será a diferença entre o preço da oferta agregada (Z) da produção correspondente e a soma (D1) que os empresários esperam recuperar com os gastos dos consumidores. Consequentemente, quando a propensão a consumir não varia, o emprego não pode aumentar, a não ser que isso aconteça ao mesmo tempo que D2 cresça, de modo que preencha a crescente lacuna entre Z e D1. Diante disso, o sistema econômico pode encontrar um equilíbrio estável com N em um nível inferior ao pleno emprego, isto é, no nível dado pela interseção da função da procura agregada e da função da oferta agregada — excluídas as hipóteses especiais da teoria clássica, segundo as quais, quando o emprego aumenta, certa força intervém

sempre, obrigando D2 a subir o necessário para preencher a lacuna crescente entre Z e D1 (KEYNES, 1996, p. 64).

Keynes, de forma muito clara e lógica, está passo a passo demonstrando que a "insuficiência da demanda efetiva" é uma variável que tem quer ser incorporada no corpo da teoria econômica. O mundo dos clássicos, de celebrado otimismo, no qual "[...] tudo caminha do melhor modo no melhor dos mundos possível, contanto que deixemos as coisas andarem sozinhas [...]" (KEYNES, 1996, p. 66), já não existe mais; ou na verdade, nunca existiu. A economia do século XX, pela sua dimensão, complexidade e nível de técnica, exigia novas perspectivas sobre dinheiro, salários e lucros. A insuficiência da demanda efetiva é a chave heurística que permite a Keynes tornar a teoria dos preços um assunto subsidiário na sua teoria geral, como o próprio autor afirma.

A premissa de que deveria existir uma tendência natural para o emprego ótimo dos recursos representava muito mais um desejo do caminho que a economia deveria seguir que o comportamento da realidade. Ricardo, como nenhum outro economista, conseguiu impor tal premissa e transformá-la em dogma econômico por mais de um século. Keynes atribui a vitória ricardiana a "um complexo de afinidades entre a sua doutrina e o meio em que foi lançada", o que certamente é verdadeiro. Nas palavras do autor:

> O fato de a vitória ricardiana ter sido tão completa faz com que seja revestida de curiosidade e de mistério. Essa vitória provavelmente se deveu a um complexo de afinidades entre a sua doutrina e o meio em que foi lançada. Creio que o fato de ter chegado a conclusões inteiramente diversas das que poderia esperar um indivíduo comum e pouco instruído contribuiu para seu prestígio intelectual. Deu-lhe virtude a circunstância de que seus ensinamentos, transportados para a prática, eram austeros e, por vezes, desagradáveis. Deu-lhe primor o poder sustentar uma superestrutura lógica, vasta e coerente. Deu-lhe autoridade o fato de poder explicar muitas injustiças sociais e

crueldades aparentes como incidentes inevitáveis na marcha do progresso, e de poder mostrar que a tentativa de modificar esse estado de coisas tinha, de modo geral, mais chances de causar danos que benefícios. Por ter formulado certa justificativa à liberdade de ação do capitalista individual, atraiu-lhe o apoio das forças sociais dominantes agrupadas atrás da autoridade (KEYNES, 1996, p. 66).

5. O falso paradoxo da pobreza em meio à abundancia

Todavia, temos que considerar o inexorável ritmo, ao mesmo tempo, de expansão e de transformação, que o capitalismo adquiriu durante o século XIX, sintetizados nos desdobramentos da primeira Revolução Industrial, no desenvolvimento de um novo padrão técnico que deu origem a uma Segunda Revolução Industrial, no desenvolvimento de novas formas de organização de negócios (sociedade por ações) decorrentes dos processos de concentração e centralização de capitais e, consequente, de um novo padrão de acumulação de capital (capitalismo monopolista), de novas relações entre capital e trabalho (legislação trabalhista) e, do estabelecimento de um novo padrão de relações internacionais e da corrida imperialista por ele originada, a partir do final do século XIX.

As possibilidades de investimento abertas no início do século XX, automotiva e aviação, eletricidade e petróleo, por exemplo, parecem não ter sido suficientes para dar vazão a grande acumulação de capital advinda do século XIX. A corrida imperialista, a Primeira Grande Guerra, a Grande Depressão e a Segunda Guerra, apesar de toda complexidade desses eventos, do ponto de vista econômico representam meios de reestabelecer, prover ou gerar taxas de lucro adequadas ao processo de acumulação capitalista. É a ideia "de uma 'solução' do problema da realização por meio de uma indústria de armamentos"; um "armamentismo ininterrupto" como característica própria do capitalismo do século XX, pelo menos a partir dos anos 1930, como discute Mandel no seu livro O capitalismo tardio. Junto com a produção armamentista vem junto todos os conflitos bélicos necessários para dar vazão a essa produção e aos imperativos da economia imperialista.

Todavia, analisando exclusivamente o período da Grande Depressão, Keynes considera como único grande empecilho para prosperidade, entendida como "emprego ótimo dos recursos", ou ainda, ao "bom" funcionamento do capitalismo, a insuficiência de demanda efetiva: "[...] pois a simples existência de uma demanda efetiva insuficiente pode paralisar, e frequentemente paralisa, o aumento do emprego antes de haver ele alcançado o nível de pleno emprego. A insuficiência da demanda efetiva inibirá o processo de produção, a despeito do fato de que o valor do produto marginal do trabalho continue superior à desutilidade marginal do emprego" (KEYNES, 1936, p.64).

Keynes, assim, esperava ter encontrado a partir da insuficiência da demanda efetiva uma "explicação do paradoxo da pobreza em meio à abundancia". Como bom economista burguês ele não podia entender que a relação pobreza/abundância é própria do funcionamento do capitalismo, não um paradoxo. Que nesse modo de produção a geração de riqueza (abundância) ocorre via exploração e espoliação de trabalhadores assalariados e de países subalternos à divisão internacional do trabalho. Como constatou de forma seminal Marx, no livro I de O Capital:

A lei da produção capitalista, que subjaz à pretensa "lei natural da população", resulta simplesmente nisto: a relação entre capital, acumulação e taxa salarial não é nada mais que a relação entre o trabalho não pago, transformado em capital, e o trabalho adicional, requerido para pôr em movimento o capital adicional. Não se trata, portanto, de modo nenhum de uma relação de duas grandezas entre si independentes – de um lado, a grandeza do capital e, de outro, o tamanho da população trabalhadora –, mas antes, em última instância, da relação entre os trabalhos não pago e pago da mesma população trabalhadora. Se a quantidade de trabalho não pago fornecida pela classe trabalhadora e acumulada pela classe capitalista cresce com rapidez suficiente de modo a permitir sua transformação em capital com apenas um acréscimo extraordinário de trabalho pago, o salário aumenta e, mantendo-se constante as demais circunstâncias, o trabalho não pago diminui proporcionalmente. Mas tão logo essa redução atinja o ponto em que o mais-trabalho, que alimenta o capital, já não é mais oferecido na quantidade normal, ocorre uma reação: uma parte menor da renda é capitalizada, a acumulação desacelera e o movimento ascensional do salário recebe um contragolpe. O aumento do preço do trabalho é confinado, portanto, dentro dos limites que não só deixam intactos os fundamentos do sistema capitalista, mas asseguram sua reprodução em escala cada vez maior. N a realidade, portanto, a lei da acumulação capitalista, mistificada numa lei

> da natureza, expressa apenas que a natureza dessa acumulação exclui toda a diminuição no grau de exploração do trabalho ou toda elevação do preço do trabalho que possa ameaçar seriamente a reprodução constante da relação capitalista, sua reprodução em escala sempre ampliada (MARX, 2017, p. 697).

Por seu turno, a relação capital/trabalho é refletida nas relações entre países. A divisão internacional do trabalho é movida através de um "imperialismo capitalista", mesmo que aos nossos olhos tais relações apresentem-se baseadas no livre comércio. E o poder de polarização, exploração e devastação do "novo imperialismo", como o denominam, por exemplo, Harvey (2004) e Wood (2014), permite a realização de atrocidades de toda natureza em nome da "acumulação interminável de capital", pois atualmente "[...] o poder econômico do capital é capaz de ir muito além do controle de qualquer poder político ou militar existente ou concebível [...]" (WOOD, 2014, p. 18). A esse respeito são bastante ilustrativos o capítulo 1,

"Tudo por causa do petróleo", do "Novo imperialismo", de Harvey, e o capítulo 7, do "Império do capital", de Wood, "'Imperialismo excedente', guerra sem fim".

O problema econômico fundamental para Keynes estava em como garantir rentabilidade aos investimentos privados, dada uma situação na qual a propensão a consumir e o montante de novos investimentos resultavam em uma insuficiência de demanda efetiva. Assim, para o autor os problemas de demanda efetiva e da rentabilidade dos investimentos apareciam como problemas crônicos do capitalismo, mesmo para comunidades mais ricas. Pois, "quanto mais rica for a comunidade, mais tenderá a ampliar a lacuna entre a sua produção efetiva e a potencial", e quanto maior o capital acumulado, menos atrativas serão as oportunidades para novos investimentos.

Mas, apesar de crônicos esses problemas podiam ser tratados e corrigidos. Não é que o capitalismo falhara. Eram falhas restritas (demanda efetiva e investimento) e técnicas (um problema de dínamo): "[...] por essa razão, a análise da propensão a consumir, a definição da eficiência marginal do capital e a teoria da taxa de juros são as três lacunas principais dos nossos atuais conhecimentos que temos necessidade de preencher [...]" (KEYNES, 1996, p. 65).

Então, para Keynes, tudo se resumia a um problema de dínamo para adequar demanda efetiva e oportunidades de investimento. Era necessário substituir o velho dínamo da autorregularão do mercado (lei de Say) por um novo, o da demanda efetiva, que seria movimentado a partir da adoção de políticas públicas governamentais (e numa situação de taxas de juros muito baixas, principalmente, via uma política orçamentária expansionista).

A solução de Keynes foi aceita e atendeu aos imperativos do capital até uma nova reconfiguração do capitalismo a partir de meados da década de 1970. Como corretamente discorre Krugman (2017), na sua introdução da "Teoria geral", "[...] o que faz da Teoria geral um caso verdadeiramente único, porém, é que ela conjuga um imponente feito intelectual com uma relevância prática imediata diante de uma crise econômica mundial". Entretanto, talvez o maior erro de Keynes foi pensar que o capital podia ser contido e domesticado para fins sociais (o oposto da sua essência: produção pela produção, acumulação pela acumulação).

A eutanásia do *rentier*, ou seja, "do poder cumulativo de opressão do capitalista em explorar o valor de escassez do capital", não se confirmou. Pelo contrário, o novo padrão tecnológico do capitalismo do final do século XX, transformou o rentismo, através da financeirização global, no novo dínamo da economia capitalista. Também trouxe, como na década de 1930, uma crise de proporções globais (2008), mas agora sem a figura apaziguadora de um Keynes; apenas com a pura e velha perversidade do capitalismo e "do poder cumulativo de opressão do capitalista".

6. Conclusão

Keynes, apesar das resistências iniciais encontradas na academia e na política conseguiu impor suas ideias e salvar o capitalismo: Se "Ricardo conquistou a Inglaterra de maneira tão completa como a Santa Inquisição conquistara a Espanha", como afirmara o próprio Keynes; ele conquistou o mundo de maneira tão completa quanto *The Beatles* o fizera. No entanto, salvando o capitalismo ele não só não resolveu o problema da pobreza, mas deu tempo ao capitalismo se recompor, criar novas formas de extração de mais-valor (desmaterialização do valor) e um novo padrão de acumulação de capital (digital-financeiro), que nega o próprio keynesianismo e até mesmo o sistema democrático.

Então, este é o verdadeiro paradoxo keynesiano: do desenvolvimento do capitalismo como a destruição do ser e do planeta. Não existe paradoxo da pobreza em meio à abundância, existe capitalismo, apropriação de trabalho não pago e de riqueza social de forma privada, intra e inter países. O capitalismo é o próprio paradoxo, a própria contradição social que sempre encontra formas de se movimentar, mas nunca se resolve, já que nossa forma de sociabilidade nunca superou nossa primitiva luta pela existência: pois o trabalho humano, nosso bem mais precioso, que poderia dar origem a uma outra forma de socialização mais solidária e cooperativa, ainda não deixou de ser motivo de cobiça e de toda sorte de formas de exploração e expropriação possíveis e imagináveis, entre sujeitos sociais e entre nações.

A Teoria geral, sem dúvida, foi uma revolução na teoria econômica, mas para manter o status quo de um sistema econômico concentrador de renda/riqueza e fundado na exploração do trabalho humano. Precisamos de uma revolução na teoria econômica que caminhe na direção de perceber trabalho, produção e dinheiro a partir de suas funções sociais. Uma teoria econômica nessa perspectiva somente pode ser uma teoria econômica comunista.

7. Referências

WOOD, Ellen Meiksins. O império do capital. São Paulo: Boitempo, 2014.

KEYNES, John Maynard. A Teoria Geral do Emprego, do Juro e da Moeda. São Paulo: Editora Nova Cultural Ltda, 1996. (Os economistas)

KRUGMAN, Paul. Introdução. In: KEYNES, John Maynard. A Teoria Geral do Emprego, do Juro e da Moeda. São Paulo: SARAIVA, 2017.

MANDEL, Ernest. O capitalismo tardio. São Paulo: Abril Cultural, 1982.

MARX, Karl. O capital: crítica de economia política. Livro I: o processo de produção do capital. 2ª ed. São Paulo: Boitempo, 2017.

www.ingramcontent.com/pod-product-compliance
Lightning Source LLC
Chambersburg PA
CBHW031447210526
45464CB00005B/2359